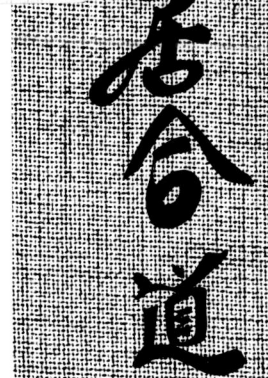

Auf dem Titelkarton sind historische Stichblätter japanischer Schwerter (Tsuba) aus verschiedenen Schulen und Epochen abgebildet:

Vorderseite
Oben links: Hoan, Ende 16. Jahrh.
Unten links: Hirata, 18. Jahrh.
Rückseite
Oben links: Akasaka, 17. Jahrh.
Mitte rechts: Marubori, 17. Jahrh.

Durch die mittlere Öffnung wird die Schwertklinge gesteckt.
Ein bis zwei weitere Öffnungen sind für Beimesser und Eßstäbchen ausgespart.

IAI - DO

... blitzschnell die Waffe ziehen und treffen

von

Feliks F. Hoff

mit 184 Zeichnungen und 8 Fotografien

12. Auflage

2004

VERLAG WEINMANN – BERLIN

Autor und Verlag haften in keiner Weise für Verletzungen, die bei der Ausübung der hier beschriebenen Instruktionen und Ausführungen auftreten können. Eine Haftung für Personen-, Sach- und Vermögensschäden ist ausgeschlossen.

Bibliografische Information Der Deutschen Bibliothek
Die Deutsche Bibliothek verzeichnet diese Publikation in der Deutschen Nationalbibliografie; detaillierte bibliografische Daten sind im Internet über http://dnb.ddb.de abrufbar.

© 2004 by Verlag Weinmann — Berlin.

Copyright, die Übersetzungs- und alle sonstigen Rechte (insbesondere auch an Idee und Gestaltung der Abbildungen) sind Eigentum des Verlages.

Auch die auszugsweise oder fototechnische Wiedergabe, die Reproduktion von Abbildungen, sowie die Einspeicherung und Verarbeitung in elektronischen Systemen bedarf der schriftlichen Genehmigung des Verlages.

Satz und Druck: Eppler & Buntdruck / Repro Faesser

Foto 1: Feliks F. Hoff beim „nukitsuke" der ersten Form.

Inhaltsverzeichnis

Einleitung 7
Ausrüstung 11
1. Kleidung 11
Binden des IAI-Obi 12
2. Übungsschwert 14
Das japanische Schwert 16
Dojoetikette 19
Das IAI-Dojo 21
Übungsmethoden 22
Vorübungen 24
1. Chudan no Kamae (Mittlere Position) 24
2. Suburi 27
3. Nukitsuke und Noto 34
4. Nukitsuke, Kiriotoshi, Tchiburi und Noto 37
5. Nukitsuke, Kiriotoshi, Tchiburi und Noto im Kniestand ... 40
Rei-Verbeugen vor der Kamiza 42
Ipponme   1. Form 44
Nihonme   2. Form 48
Sanbonme   3. Form 52
Yohonme   4. Form 56
Gohonme   5. Form 58
Ropponme   6. Form 62
Nanahonme   7. Form 64
Ganmen-ate   8. Form 66
Soete-tsuki   9. Form 68
Shihon-giri   10. Form 71
Datto und Rei-Zurücklegen des Schwertes und Abgrüßen ... 74
Nachwort 79

Einleitung

Das Iai-Do gilt als die älteste Übungsform der japanischen Schwertkampftechniken. Als in sich abgeschlossenes Lehr- und Übungssystem wurde Iai-Do zum erstenmal durch Hayashisaki Jinsuke Shigenobu aus Tateoka in der Yamagata-Präfektur gelehrt. Das von ihm begründete System wurde nach ihm Shigenobu-Ryu (Schule des Shigenobu) genannt.

Im Laufe der kriegerischen Geschichte Japans sind seit der Gründung der ersten Schule vor etwa 400 Jahren mehrere hundert verschiedene Schulen in der Verbreitung des Iai tätig gewesen, von denen noch etwa 25 bestehen, die die alte Tradition fortsetzen, so z. B. Omori-Ryu, Shin-Kage-Ryu, Katori-Shindo-Ryu, Muso-Shinden-Ryu, Hasegawa-Eishin-Ryu.

Da viele Kendoka auch am Iai interessiert sind, und beide Techniken, Kendo und Iai, zumindestens historisch gesehen **einen** Ursprung haben, entschlossen sich 1968 elf Iai-Meister eine Iai-Form zusammenzustellen, die unabhängig von den komplexen Lehrgebäuden der einzelnen historischen Schulen einen Extrakt des Iai in nur sieben Einzelformen beinhaltet. 1980 wurden weitere drei Formen hinzugefügt. Der nachfolgende Text und die Zeichnungen beschreiben diese 10 Kata, die seitdem als das Seitei-Iai (Standard-Iai) der Zen Nihon Kendo Renmei (Alljapanischer Kendo Verband) gelten.

Um den vielen unterschiedlichen Formen bei der Begrüßung gerecht zu werden, hat man bei dieser Iai-Form auf die Benutzung des Sageo (Schwertband) verzichtet und das Abgrüßen unterschiedlich vom Angrüßen gestaltet.

Auf den ersten Blick erscheint es bedauerlich, daß die Vielzahl der Einzelkatas, die manchmal bis zu zweihundert verschiedene Möglichkeiten des Schwertziehens, der Schlagtechnik und der Schwerttestung vermittelten, auf nur zehn Einzelformen reduziert wurden.

Allerdings muß man bedenken, daß es insbesondere in Europa sehr schwer ist, einen Iai-Lehrer zu finden und jede Schule andere

Lehrmethoden vertritt. Durch das "Standard-Iai" wurde erstmals ein Rahmen geschaffen, der sowohl vielen Kendoka in Japan als auch in Amerika und Europa ein überschaubares System anbot. Zudem macht nicht die Vielzahl von Einzelkatas die Meisterschaft im Iai-Do aus, sondern die Qualität (insbesonders der ersten Form) in Bezug auf Technik und geistige Haltung entscheidet über den Grad der Meisterschaft.

Alle Iai-Do-Kata verlaufen nach folgendem Schema:

1. Der Schwertträger befindet sich in einer ruhigen und gesammelten **Achtsamkeit** unabhängig davon ob und wie er geht, steht oder sitzt. Das Schwert befindet sich in der Scheide, es ist zunächst kein Gegner vorhanden.

2. Plötzlich taucht ein Gegner auf. Er hat sein Schwert bereits gezogen und will sich auf seinen Feind stürzen. Das ist der Moment, wo Kampf und Iai beginnen.

Das japanische Wort Iai setzt sich aus zwei Schriftzeichen zusammen, von denen das eine für sich gelesen "au"(合)bedeutet, was "entsprechen" heißt. Das andere Zeichen stammt von "iru" (居) ab, was übersetzt "sich befinden" oder auch "sein" heißt. Zusammengezogen werden beide Zeichen (居合)"I-ai"gelesen, was den Gesamtzustand des Angegriffenen beschreibt, nämlich, daß er in idealer Weise ganz wach und ungeteilt, also ohne Angst und Schreck diesem Moment ohne Zögern voll entspricht. Dadurch, daß sein Geist nicht beeinträchtigt ist, auch nicht durch Furcht oder den Gedanken an eine Niederlage, hat er hier schon gegenüber dem auf Töten festgelegten Angreifer, der sich möglicherweise durch sein überraschendes Auftreten für überlegen hält, einen entscheidenden Vorteil. Der Sieg muß **vor** dem Ziehen des Schwertes errungen sein. Die mit dem Schwert erfolgende Aktion geschieht schnell und sicher. Dieses schnelle, jedoch nicht überhastete Ziehen (nukitsuke) wird unmittelbar - entsprechend der bestehenden Situation - zu einer Schneide- oder Blocktechnik weitergeführt.

3. Die nun folgenden Schläge **werden** den Gegner oder mehrere Angreifer töten. Für das "kiri-otoshi" sollen nicht mehr Schläge als nötig

ausgeführt werden. Das setzt voraus, daß neben der geistigen Haltung auch die körperliche Haltung, d. h. die Schwerttechnik exakt ist.
4. Den Gegner weiterhin beobachtend, wird nun das Blut von der Klinge abgeschlagen bzw. abtropfengelassen (tchiburi).
5. Unter Beibehaltung der Konzentration wird schließlich das Schwert in die Scheide zurückgeführt. Dies geschieht schnell - ein erneutes Ziehen muß dabei möglich sein (noto).
6. Scheinbar unberührt durch die oft nur Sekunden dauernde Aktion befindet sich der Schwertträger nun wieder in der Ruhe der Ausgangssituation, einer stillen doch wachen Ruhe, die ihn auch bei größter äußerer Bedrängnis nicht verlassen hat.

Es empfiehlt sich zwar sich beim Üben einen Angreifer so intensiv wie möglich vorzustellen und sich entsprechend zu bewegen, es wäre jedoch ein Irrtum anzunehmen, daß ein Iai-Training ausschließlich die "Sicherheit beim Töten" als Ziel hätte. Die Schulung von konzentrativen Elementen und die damit verbundene Erfahrung beim Übungsprozeß steht vielmehr im Vordergrund. Wenn man erfährt, was einen am konzentrierten Einssein mit der Situation hindert, und man durch Übung Veränderungen bewirken will, so kämpft man mehr gegen sich selbst, als gegen andere. Gerade weil es beim Iai-Do keinen Übungspartner gibt, ist es möglich schlechte Angewohnheiten, Lässigkeit, Unkonzentriertheit, Mängel in der Bewegung, Verzagtheit und Furcht etc. bei sich selbst wahrzunehmen und sie als Produkt des eigenen Selbst zu verstehen, da man nur selbst und nicht durch einen Partner bedingt diese Verhaltensweisen zeigt. **Diese** zu überwinden, zu "töten", das heißt durch Übung ein neues, besseres Selbst zu erlernen, ist Aufgabe, und Weg für jeden, der sich dem Iai verschrieben hat.
Ein alter japanischer Zen-Text, der gerne von Meistern des Iai-Do und des Cha-Do (Teezeremonie) zitiert wird lautet:

Hibi ni tsutomete hosshiki seyo!
Fege und reinige ernsthaft jeden Tag!

Das Wort sagt: "Fege und reinige Tag um Tag den eigenen Geist!" Warum fegen und reinigen? Das ist wie bei einem berühmten Schwert. Es ist zwar blank, aber jeden Augenblick kann es Rost ansetzen. Ist das Schwert schon angerostet, ist nicht zu merken, wenn weiterer Rost dazukommt, ist es aber gut geschliffen und poliert, fällt Rost sofort auf. Eben deshalb gilt: Laß nie und nimmer Rost ansetzen! Das bedeutet: werde nicht müde, den eigenen Geist zu fegen und zu läutern.

Für den Menschen des Iai gilt dies ebenso:

Hat er etwas gelernt und bemerkt, so muß er sich unentwegt darin üben (feilen, sich schleifen). Sagt doch das Sprichwort: Hat man hunderttausendmal eine Stelle vor sich hingelesen, so wird ihr Sinn von selber klar. Ist man andererseits nachlässig gegenüber dem, was man gelernt und gemerkt hat, so mag man noch so viel gewonnen haben, es geht wieder verloren.

Das ist es wovon das Wort redet.

Ausrüstung

1. Kleidung

Beim normalen Üben trägt man zum Iai-Do einen Gi, der dem üblichen Kendo-Gi entspricht, einen Gürtel, Iai-Obi und die Hakama. Zu besonderen Demonstrationen wird statt des Gi ein großer Kimono mit weiten Ärmeln und dem entsprechenden leichten Unterkimono getragen.

Die Jacke wird mit einem Band zusammengehalten und soll an der Vorder- und Rückseite beim Tragen keine Falten werfen.

Bevor man die Hakama anzieht ist der Sitz der Jacke zu überprüfen.

Als nächstes wird der Gürtel über die Jacke gebunden.(Siehe S. 12)

Der obere Rand sollte etwa an den Hüftknochen anliegen, der Gürtel also unterhalb der Taille gebunden werden. Die Art und Weise den Gürtel zu binden ist verschieden, jedoch befinden sich der Knoten und die beiden Enden immer am Rücken.

Der Gürtel soll nicht zu straff angelegt werden, da er noch Spielraum für das Saya (Schwertscheide) haben soll, ohne daß ein zu starker Druck an der Hüfte des Trägers entsteht.

Als letztes Kleidungsstück wird die Hakama angezogen. Zuerst bindet man die beiden Bänder an der Vorderseite. Sie werden zunächst etwas unterhalb der oberen Gürtelkante parallel zu dieser nach hinten geführt. Dort werden die Bänder gekreuzt und nun an der unteren Kante wieder nach vorn gezogen. Der Kreuzpunkt an der Vorderseite soll unterhalb des Nabels liegen, was etwa der Unterkante des Iai-Obi entsprechen soll. Dann werden beide Enden parallel zur Unterkante des Iai-Obi zurückgeführt und dort mit Knoten und Schleifen verbunden.

Jetzt wird das trapezförmige Rückenstück der Hakama auf den breiten Knoten des Iai-Obi gesetzt und die beiden Bänder werden nach vorn zum Kreuzungspunkt unterhalb des Nabels geführt und dort zusammen mit den Vorderbändern durch ein Knoten zusammengefaßt. Die freien Enden können entweder seitlich unter den Iai-Obi gesteckt oder zu einer schönen Schleife bzw. Knoten gelegt werden.

Binden des Iai-Obi

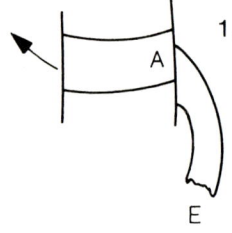

1. Der Gürtelanfang wird an die rechte Rückenhälfte angelegt, das verbleibende Ende (E) wird drei- bis viermal um die Hüfte gelegt.
Die Bahnen sollen exakt übereinanderliegen.

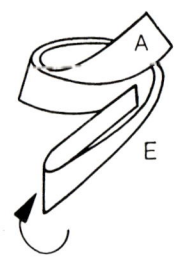

2. Der Gürtelanfang (A) wird nach oben hervorgezogen und zwar bis etwa Rückenmitte.
Das Gürtelende wird soweit nach innen doppelt gelegt, bis ein noch etwa 40 cm langes Ende übrigbleibt.

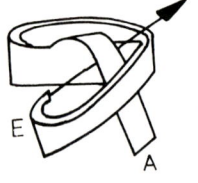

3. Der Gürtelanfang wird unter das Ende gesteckt, das Ende wird durch die absteigende Bahn des Gürtelanfangs nach oben geführt.

4. Das dadurch entstehende Kreuz wird festgezogen,

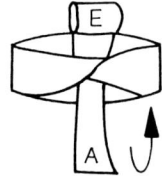

5. und der obere Teil aufgerollt.

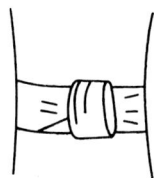

6. Das aufgerollte Ende wird in der Gürtelmitte nun vom Anfangsstreifen eingewickelt, indem der Gürtelanfang um die Endrolle und die um den Körper gelegten Bahnen herumgeführt wird.

7. Auf das so entstandene Kissen wird das Hakamarückenteil gesetzt.

2. Übungsschwert

Wenn man mit Iai-Do-Training beginnt genügt zunächst ein gutes Boku-to (Holzschwert), denn alle Bewegungsabläufe können grundsätzlich auch mit einem Boku-to studiert werden. Allerdings muß der Übende besonders darauf achten, daß er alle Zieh- und Schwertbewegungen so ausführt, als ob er in der linken Hand die Scheide halten würde. Insbesondere muß beim Ziehen das Schwert erst ganz durch die linke Hand vorgezogen werden, bevor der erste Schlag ausgeführt wird. Erfahrungsgemäß neigen Anfänger dazu eine seitliche Bewegung beim Ziehen auszuführen, die zwar möglich ist, weil sie die linke Hand öffnen, sie mögen sich aber vor Augen halten, daß ein richtiges Schwert auch nicht seitlich durch das hölzerne Saya gezogen werden kann. Entsprechende Aufmerksamkeit muß darum auch beim Noto, dem Zurückführen in das Saya geleistet werden, da sonst auch hier Bewegungsfehler eingeübt werden.

Ist man fest entschlossen Iai-Do zu üben, sollte man sich ein Iai-to zulegen. Iai-to gibt es in verschiedenen Qualitäten und Aufmachungen. Auch ein relativ hoher Preis kann nicht darüber täuschen, das ein Iai-to nur eine Imitation und kein richtiges Schwert (Katana oder Tachi) ist. Bei Kauf sollten folgende Punkte besonders beachtet werden:

a) Länge und Festigkeit der Klinge

Die Länge ist wichtig für einen schnellen und aufrechten Auszug, und richtet sich somit nach der Körpergröße des Übenden. Insbesonders wenn Frauen oder Mädchen mit Iai-Do beginnen ist darauf zu achten, ob sie die Klinge richtig nach vorn zu ziehen in der Lage sind.

Die Festigkeit der Klinge läßt sich beim Ziehen feststellen. Echte Schwerter und sehr gute Iai-to "stehen", wenn man die Auszugs- und Schlagbewegung stopt. Bei billigen Dekorationsschwertern flattert das Blatt bzw. es schwingt nach, wenn Bewegungen gestoppt werden. Ein solches Verhalten des Geräts mindert die Technik erheblich, darum sollte man sich vor dem Kauf der "Klingenqualität" versichern.

b) Ausführung des Griffstücks

Der Griff sollte dem eines guten Schwerts entsprechen, d. h. er sollte der Klinge einen sicheren Sitz verleihen und den Griff der Hände sicher machen. Das ist im allgemeinen gewährleistet, wenn der Griff eine Stoffwicklung hat und das verwendete Holz nicht zu weich ist. Griffe aus Plastik, (die an Beinschnitzerei erinnern sollen) sind meist ungeeignet, denn der Griff ist unsicher und es entstehen leicht nach längerem Üben Blasen an der Haut.

c) Dekoration

Iai-to sind mehr oder weniger an historischen Vorbildern orientiert. Es gibt zum Teil sehr gute Nachbildungen von Tsuba, Menuki, Kashira und Saya. Häufig ist der Preisunterschied nicht durch die Klingenqualität bedingt, sondern durch verschiedene Dekorationseffekte, insbesonders durch verschiedene Methoden der Saya-Lackierung.

d) Pflege:

Um das Griffstück nicht zu verschmutzen und vorhandenen Schweiß auffangen zu können, empfiehlt es sich das Griffstück mit zwei bis drei Lagen Mullbinde zu umwickeln. Diese kann jederzeit gewechselt werden und bewahrt insbesondere echte Schwerter vor unnötigem Verschleiß.

Zur Pflege der Metallklingen benutzt man Nelkenöl (Choji-Öl), Papier und Uchi-ko (Pflegepulver). Da beim Noto die Klinge immer mit der Haut in Berührung kommt, ist es erforderlich nach dem Üben die Klinge wie folgt zu behandeln:

Auf ein kleines Stück Reispapier (ersatzweise Papiertaschentuch) wird etwas Nelkenöl gegeben und mit diesem die Klinge auf beiden Seiten hauch-dünn eingerieben. Danach wird mit Hilfe einer Puder-Quaste das Pflegepulver aufgetupft. Mit einem ölfreien Stück Papier wird dann das Pulver zusammen mit den Ölresten abgerieben,

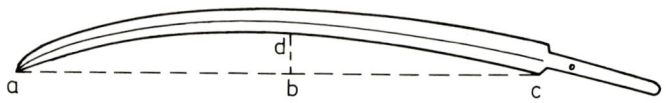

Das japanische Schwert

1 Fuchi
2 Tsuka
3 Menuki
4 Kashira
5 Tsuba (Stichblatt)
6 Saya (Scheide)
7 Kurigata (Öse)
8 Sageo (Band)
9 Saya no fuchi
10 Seppa (Scheibe)
11 Habaki
12 Mune
13 Shinogi-ji
14 Shinogi
15 Mune-machi
16 Yasuri (Feilspuren)
17 Mei (Signatur)
18 Mekugi-ana (Loch)
19 Nakago
20 Ha-machi

21 Ji (Blattoberfläche)
22 Ha-saki
23 Ha (Härtelinie)
24 Hamon

Kissaki (Spitze)

25 Mitsu-gashira
26 Yoko-te
27 Boshi-no
28 Boshi
29 Ko-shinogi

30 Kotsuka (Beimesser) u./a.
   Kogai (Schwertnadel)
31 Mekugi (Haltestift)

a - c Länge
b - d Sori

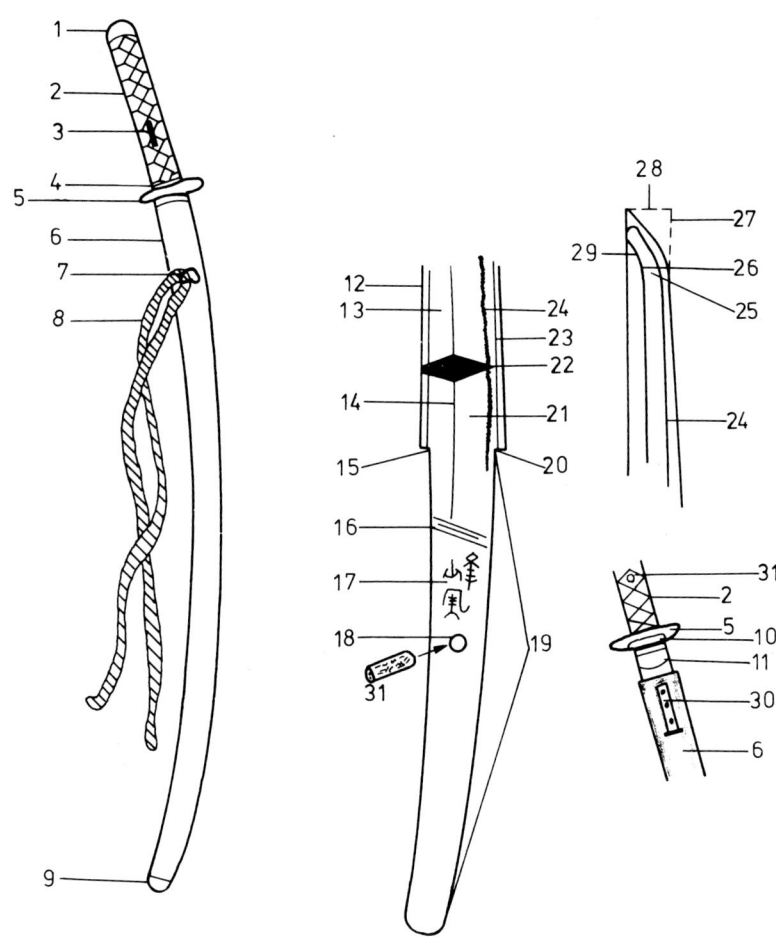

indem man mehrmals die Klinge - an der Rückseite fassend - durch das Papier zieht.

Falls man das Schwert für längere Zeit nicht benutzt, wird nochmals eine feine Ölschicht aufgetragen, die aber vor dem nächsten Üben zunächst entfernt werden muß.

Einen besonderen Höhepunkt bietet das Üben und Demonstrieren mit einem echten Schwert. Bestimmte Formen der klassischen Schulen beziehen sich auf das Testen der Klinge, Tamashigiri oder auch Suemonogiri genannt, die jedoch fortgeschrittenen Jüngern des Iai vorbehalten sind.

Bevor man sich an die Handhabung einer echten Klinge wagt, sollten die zu übenden Kata sehr sicher mit dem Iai-to gekonnt werden, ansonsten fließt leicht das eigene Blut! Es ist ein Teil der geistigen Übung auch das Iai-to mit dem gleichen Respekt und der gleichen Sorgfalt zu handhaben wie ein echtes Schwert. Übt man so, wird der Übergang nicht schwer sein, falls man einmal das Glück hat eine brauchbare richtige Klinge sein Eigen nennen zu dürfen.

Dojoetikette

Wie in anderen Budo-Disziplinen gibt es auch beim Iai-Do eine vorgeschriebene Form für den Eintritt in das Dojo, die Begrüßung des Ehrenplatzes, der Besucher, des Lehrers, sowie für die Bewegungen innerhalb des Raumes.

Das Dojo ist in der nachfolgenden Zeichnung mit seinen Plätzen näher beschrieben und die erwünschten Schritte zum Betreten und Verlassen des Dojo sind eingezeichnet.

Allgemein kann man sagen, daß der Übende dem Lehrer, Zuschauer oder Ehrenplatz seinen Rücken so wenig wie möglich zeigen sollte d. h. das bei entsprechenden Übungen eine Position gewählt wird, die den größtmöglichen Blick auf die Vorderseite des Ausführenden zuläßt.

Wenn das Dojo betreten wird, hält man sein Schwert in der linken Hand, den Daumen auf dem Tsuba (Stichblatt).

Am Eingang des Dojo wechselt man nun das Schwert in die rechte Hand, sodaß die Klinge nach unten und der Griff nach hinten weist und führt eine Verbeugung vor der Kamiza (wörtlich Göttersitz d. h. Shinto- oder Buddha-Altar, Flagge, Ehrenplatz) aus. Danach wechselt man das Schwert wieder in die linke Hand und begibt sich zum Übungsplatz.

Wird in einer Gruppe geübt, so sitzen die Teilnehmer in einer Reihe nebeneinander auf der Schülerseite. Das Schwert liegt rechts neben dem Übenden, das Tsuba ist etwa in Kniehöhe. Der am weitesten rechts Sitzende gibt nachdem alle Übungsteilnehmer sitzen das Kommando: "Mokuso".

Die Teilnehmer legen die Hände wie bei der Zazen-Meditation in den Schoß und sitzen aufrecht, still und konzentriert.

Bei der Handhaltung zeigen die Handflächen nach oben, die linke Hand liegt in der rechten Hand und die Daumenspitzen berühren einander.

Nach einiger Zeit erfolgt das Kommando: "Yame" d.h. "Ende" der

Konzentrationsübung. Die Hände werden wieder auf die Oberschenkel zurückgelegt und auf das Kommando: "Rei" verbeugen sich Schüler und Lehrer voreinander.

Danach wird das Schwert wie später im Text beschrieben in den Gürtel gesteckt.

Am Schluß des Trainings nachdem das Schwert aus dem Gürtel gezogen wurde (Datto) erfolgt die gleiche Zeremonie.

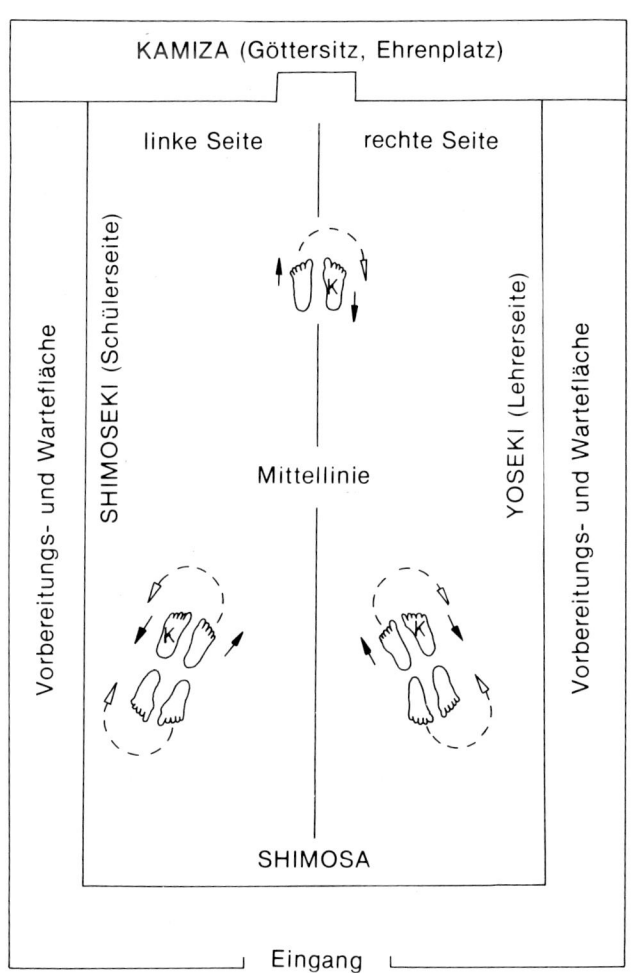

Das Iai-Dojo

K = Kami-no-ashi, der zur Kamiza am nächsten stehende Fuß.
→ Dieser Pfeil zeigt an welcher Fuß zuerst vor- bzw. zurückgesetzt wird.
⇨ Dieser Pfeil zeigt an in welche Richtung und mit welchem Fuß zuerst Drehungen ausgeführt werden.

Übungsmethoden

Nach der Begrüßung sollte die erste Form mehrfach hintereinander wiederholt werden, denn sie ist die Grundlage für alle anderen Iai-Kata. Es gibt Iai-Meister, die sagen, daß man außer der ersten Form eigentlich keine weiteren Kata zu üben braucht, denn sie beinhaltet alles, was geübt werden kann: schnelles Ziehen, Zuschlagen, Tchiburi und das Zurückführen der Klinge in effektiver Technik bei wachem Geist. Gerade das schnelle aber doch "raumgreifende" und korrekte Ziehen kann durch die erste Form immer wieder verbessert werden, denn alle folgenden Kata sind lediglich Variationen dieser Grundform.

Eine weitverbreitete Methode des Übens ist folgende:

Der Lehrer führt seinen vor ihm sitzenden Schülern ohne Kommentar die zu übende Kata vor. Nachdem er das Schwert zurückgeführt hat, erhebt er sich und klatscht in die Hand. Dies ist das Startzeichen für die Schüler, die soeben gesehene Form selbst auszuführen. Soll ein besonderes Detail geübt werden, so kann diese Übungsform unterbrochen werden und jeder Schüler übt nach seinem eigenen Rhythmus bis die nächste Form wieder gemeinsam erarbeitet wird. Die Phasen des freien Übens sollten jedoch nur kurz sein, da die Konzentration weniger stark ist, als bei der anfangs beschriebenen Trainingsform.

Am Ende eines Trainings sollten alle bis dahin geübten Formen noch einmal im Wechsel vom Lehrer und von den Schülern ausgeführt werden, um eine Wiederholung und die Ergebnisse zu sichern.

Wenn die Gruppe der Übenden sehr groß ist, empfiehlt es sich entweder in Kreisform oder Vis-a-vis zu arbeiten.

Sitzen sich die Übenden gegenüber, so führt erst die eine, dann die andere Seite die Kata aus. Bei Bedarf kann der Gegenübersitzende auch durch Beobachtung und Korrektur behilflich sein.

Beim Üben im Kreis läßt man die Teilnehmer bis Drei oder Vier durchzählen und nach der Demonstration der Form durch den Lehrer zunächst nur alle Teilnehmer der Nummer 1 die Kata nachvollziehen, dann alle Teilnehmer mit der Nummer 2 usw.

Bei allen Übungsmethoden verbleiben die nicht aktiven Teilnehmer im korrekten Kniesitz, sodaß die ruhige und konzentrierte Übungsatmosphäre erhalten bleibt.

Bei Anfängergruppen werden vor den eigentlichen Iai-Kata verschiedene Vorübungen in der gleichen Weise geübt. Für Fortgeschrittene stellen diese Übungen am Anfang das Iai-spezifische Aufwärmtraining nach einer kurzen Gymnastik dar, der Schwerpunkt liegt dann bei den Kata selbst.

Um eine Orientierung für die korrekte Schlag- und Bewegungsrichtung zu erreichen, empfiehlt es sich Fußbodenmarkierungen (z.B. Klebebandstreifen oder ähnliches) zu benutzen.

VORÜBUNGEN

Die nachstehenden Übungen dienen den Anfängern und Fortgeschrittenen gleichermaßen, und zwar

— als Methode um sich mit den Iai-Bewegungen vertraut zu machen und grundlegende Bewegungsphasen wie das Ziehen, die Schnittführung, das Zurückführen des Schwertes und die dazu nötige Fußarbeit zu erlernen,

— bzw. als Zweckgymnastik nach einem allgemeinen Programm von Dehn- und Aufwärmeübungen vor dem eigentlich Katatraining.

1. Chudan no Kamae (Mittlere Position)

Ist das Schwert gezogen, so ist die Chudan no Kamae die gebräuchlichste Form ein Schwert zu halten.

Im Einzelnen sind folgende Punkte zu beachten:

— Das Körpergewicht wird über die Füße auf den Boden übertragen. Die Fußbewegung bringt den Körper und damit auch das Schwert in die richtige Distanz zum Gegner.

Da das Schwert schneidend (nicht schlagend oder hackend) bewegt werden soll, hat die Bewegung der Füße einen entscheidenden Anteil daran, ob und wie die Richtung des Gehens die Schnittbewegung unterstützen bzw. überhaupt erst möglich machen kann. Vereinfacht gilt, daß die Schnitt- und Fußbewegungen einen gemeinsamen Vektor der Kräfte haben.

Der Stand bzw. das Gehen müssen darum sorgfältig geübt und zusammen mit der Schwertarbeit ständig verbessert werden.

— Die Füße stehen etwa schulterbreit und parallel mit den Zehen nach vorn ausgerichtet nebeneinander. Der rechte Fuß ist vorn. Das Gewicht liegt im vorderen Drittel, obwohl der Hacken noch den Boden berührt.

Chudan no Kamae

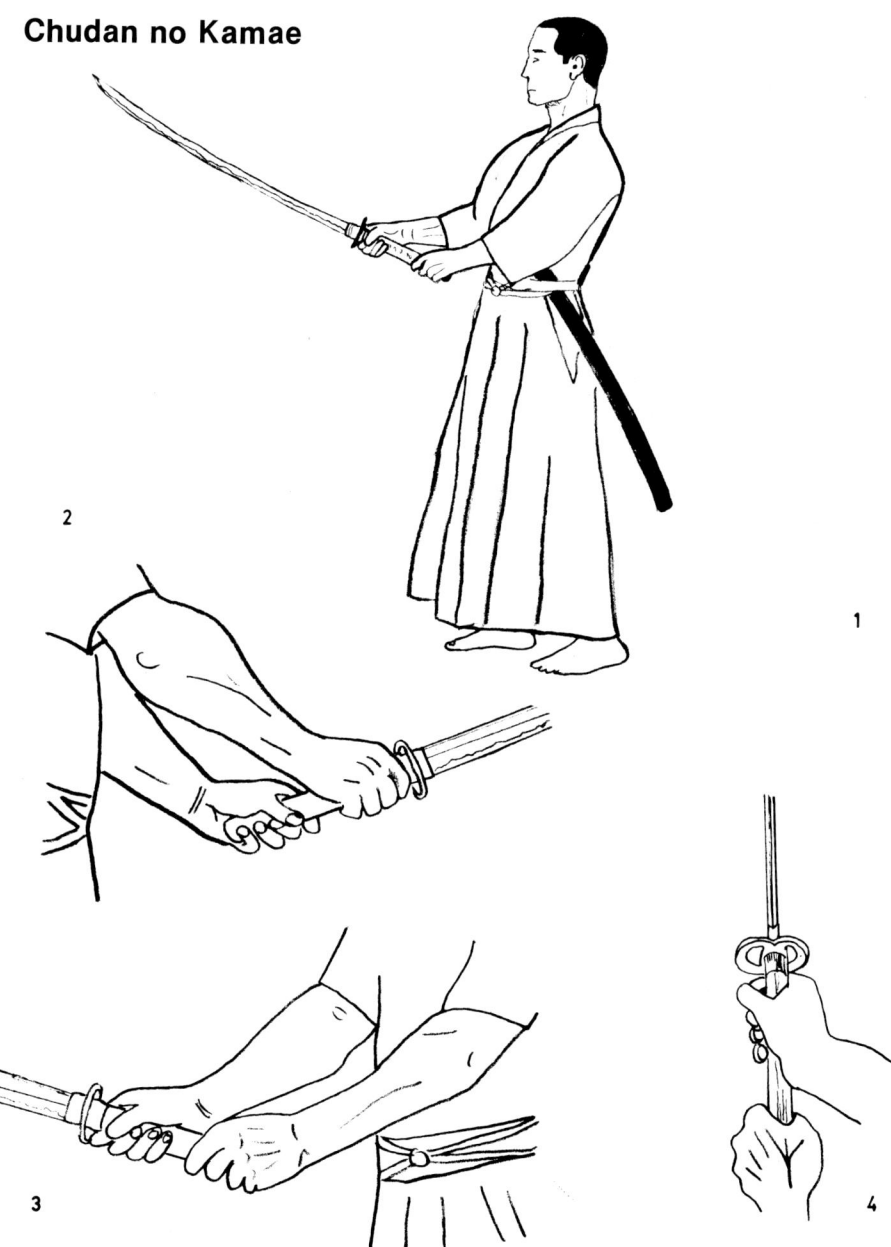

Der linke Fuß steht so hinter dem rechten, daß sich der große Zeh etwa auf Höhe des rechten Hackens befindet.

Die linke Ferse ist angehoben, sodaß auch hier das Gewicht auf dem Vorderfuß ruht.

Das gesamte Körpergewicht wird zu gleichen Teilen auf die beiden Füße verteilt.

(Bei Kamae, die den linken Fuß vorne erfordern, wird die Hacke des rechten Fußes angehoben.)

— Der Rumpf sitzt aufrecht über dem Becken. Die Wirbelsäule ist gerade, die Atmung frei und möglichst ruhig und tief (Zwerchfellatmung). Der Kopf „ruht" auf den oberen Wirbeln, das Kinn ist leicht angezogen, Abb. 1: Chudan no Kamae.

— Die Arme und Schultern sind relativ locker.

Das Schwert wird so gehalten,

- daß die Spitze auf den Kehlkopf bzw. das Gesicht des Gegners weist.
- daß das Schwert zentral vor der Körpermitte steht.
- daß das untere Griffende etwa eine Faustbreite unterhalb und etwa ein bis zwei Faustbreiten vor dem Nabel endet.
- daß die Hände nicht rechtwinkelig, sondern eher diagonal den Griff umfassen, Abb. 2. u. 3: Chudan no Kamae.
- daß die Kraft für das Greifen schwerpunktmäßig in den unteren drei Fingern, also kaum im Daumen und Zeigefinger liegt.
- daß der Winkel zwischen Daumen und Zeigefinger in der Draufsicht durch den Schwerpunkt quasi halbiert wird, Abb 4: Chudan no Kamae,
- daß der kleine Finger der linken Hand das Kashira am tiefstmöglichen Punkt umschließt, Abb 2: Chudan no Kamae.

Die anderen Kamae, wie z.B. Jodan no Kamae (obere Position) oder Hasso no Kamae fordern trotz der anderen Fußstellung oder Höhe des Schwertes die gleichen Grundsätze bezüglich der Rumpfbalance und der Fassart des Schwertes.

Anfänger müssen das Fassen des Schwertes immer wieder beobachten, da sie erfahrungsgemäß beim Ausholen oder anderen Bewegungen den Griff oft ganz bzw. teilweise lösen, sodaß beim Schnitt auf Grund des schlechten Griffs keine Kraftübertragung auf die Schwertspitze gewährleistet ist.

Erst wenn Chudan no Kamae im Stand sicher beherrscht wird, kann mit Übungen begonnen werden, bei denen Schwert und Körper bewegt werden.

2. Suburi

Die Suburi-Übungen dienen dazu Schwert und Körper, in der richtigen Weise koordiniert, bewegen zu lernen.

Die folgende Auswahl kann durch andere Formen des Suburi, wie sie im Kendo üblich sind ergänzt werden. Nähere Einzelheiten finden Sie in „KENDO"-Lehrbuch des japanischen Schwertkampfes ebenfalls erschienen im Verlag WEINMANN Berlin.

Insbesondere ist beim Suburi auf das Bewahren der Mittelachse zu achten d.h. das Schwert wird als Ganzes immer in der Mittelachse gehoben und zum Schlag nach vorn geschwungen.

Jogeburi

1. Man steht in Chudan no Kamae
2. Das Schwert wird in die Jodan-Position gehoben.
   Beide Hände und die Schwertspitze weichen beim Heben nicht von der Mittelachse ab!
3. Das Schwert wird weiter nach hinten geführt, bis der Schwertrücken zwischen die Gesäßhälften reicht.
   Trotz dieses weiten Ausholens bleibt der Griff unverändert!
   Der rechte Fuß wird vorgesetzt.

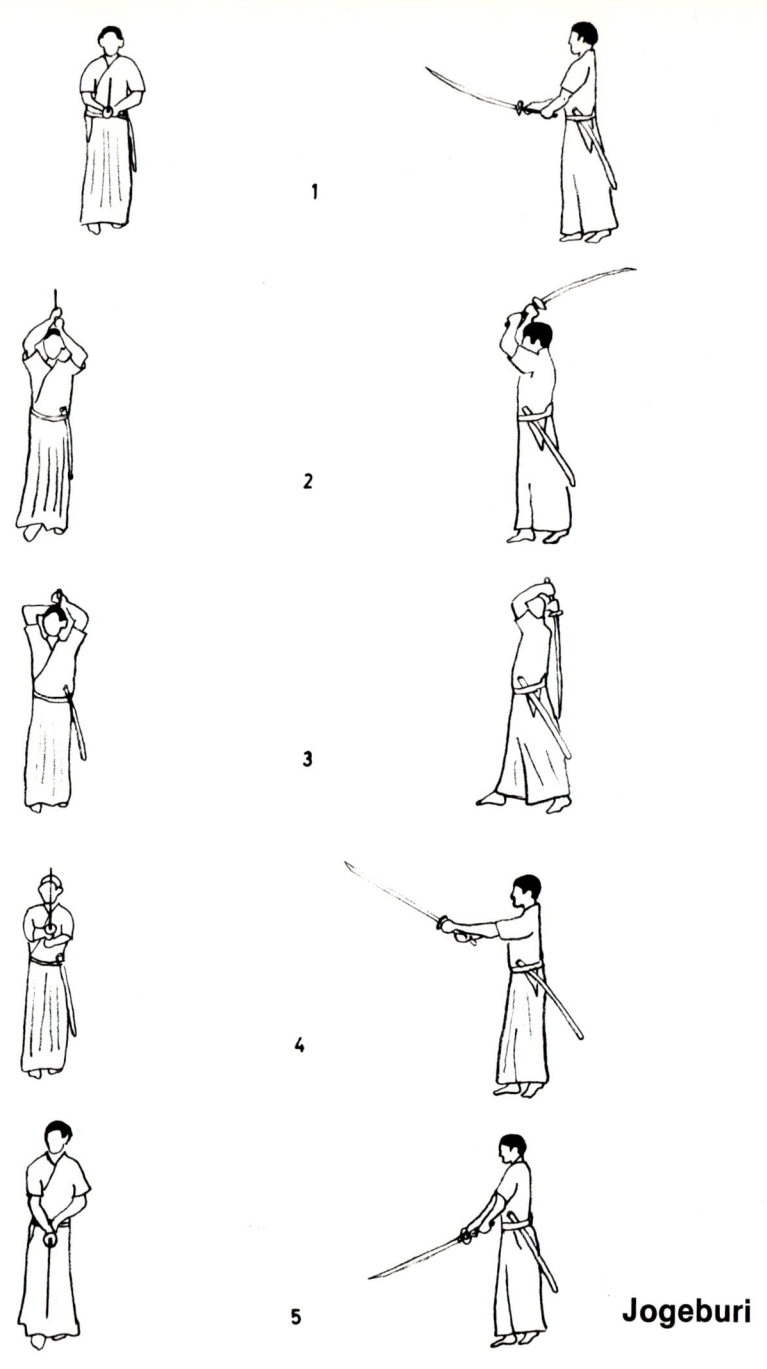

Jogeburi

4. Das Schwert wird nach vorn geschwungen und auf Höhe des eigenen Kopfes gestoppt. Beide Arme sind gestreckt. Die linke Hand ist unter der rechten, und der Griff wird im Moment des Zuschlagens verstärkt. Gleichzeitig mit dem potentiellen Auftreffen des Schwertes wird der linke Fuß rasch an den rechten Fuß herangezogen, so daß die übliche Fußstellung wieder erreicht ist.
5. Das Schwert kann auch weiter in der Mittelachse nach unten geführt und etwa auf Kniehöhe gestoppt werden.

Danach bringt man das Schwert in Chudan no Kamae, geht einen Schritt zurück und wiederholt die Übung.

Ein Spiegel oder Übungspartner können von Nutzen sein, um das Schwingen des Schwertes in der Mittelachse zu erlernen. Eine andere Möglichkeit besteht darin, daß sich der Übende eine Senkrechte im Übungsraum sucht (z.B. Ecke, Pfeiler, Rahmen) und beim Suburi die beiden Hände und die Schwertspitze immer lotrecht zu dieser Linie bewegt.

Anfänger sollten das Suburi gemäß den Abb. 1-5 ausführen.

Fortgeschrittene holen nicht mehr ganz so weit aus und die Form entspricht dann den Abb. 1, 2, 4 bzw. 1, 2, 4, 5.

Suburi mit Wendung des Körpers

1. Das Schwert wird in Chudan no Kamae gehalten, jedoch werden die Füße etwa eine Schrittlänge voneinander entfernt aufgestellt.

   Das Schwert wird in Jodan gehoben, und ohne daß die Fußstellung verändert wird, ein gerader Schlag ausgeführt.

   Das Schwert soll die Mittelachse beim Ausholen und Schlagen nicht verlieren und steht am Ende des Schlages so, daß sich die Schwertspitze etwa eine Faustbreite tiefer als der Griff befindet.

2. Blick und Körper wenden sich nun einem rückwärtigen Gegner zu. Diese Linksdrehung wird so ausgeführt, daß die Füße sich auf der Stelle in die neue Richtung drehen. Das Schwert wird dicht am Körper gehalten und so gehoben.

3. Jodan no Kamae wird erreicht d.h.: das Schwert befindet sich in der Mittelachse über dem Kopf. Die linke Hand ist etwa ein bis zwei Faustbreiten über der Stirn, die Ellenbogen weisen nach außen und der Blick ist geradeaus auf den Gegner gerichtet.

4. Ohne Schrittbewegung wird nun das Schwert aus der Jodan-Position zu einem geraden Schlag geführt.

Danach wenden sich Blick und Körper rechts herum wieder zur Ausgangsrichtung, das Schwert wird gehoben und zum geraden Schlag wie bei 1. geführt.

Dieser Wechsel des Schlagens nach vorn und rückwärts ist zunächst langsam und präzis bezüglich der Richtung von Körper (Hüftdrehung) und Schwert zu üben.

Wird die Form, mit dem rechten Fuß in Front dies Suburi zu beginnen beherrscht, folgt als nächstes die Ausführung mit vorstehendem linken Fuß. Die Körperdrehung erfolgt dann entgegengesetzt.

Schlagtechnisch gleich ist die Variation dieses Suburi in Abb. 5. u. 6, jedoch wird hier im Kniestand geschlagen und mit möglichst tiefem Körperschwerpunkt die Wendung ausgeführt.

Auch hier beginnt man zunächst mit dem rechten Fuß in Front (Abb. 5) und anschließender Linksdrehung, die bewirkt, daß dann beim zweiten Schlag der linke Fuß in Front ist. Bei der rechtsherum verlaufenden Rückdrehung steht man dann wieder auf dem rechten Fuß und linken Knie.

(Auch hier kann Seite und Drehrichtung gewechselt werden.)

Koshi-Suburi

In dieser Suburiform trainiert man
— das Bewegen des Schwertes in der Mittelachse,

- den tiefen Stand (Stärkung der Oberschenkelmuskulatur)
- und die Bewahrung der optimalen Hüft bzw. Beckenstellung (Koshi) als Basis der geraden Haltung der Wirbelsäule.

1. Man stellt die Füße etwas weiter als schulterbreit auseinander und läßt die Zehen ziemlich weit nach außen zeigen.
Aus dem Chudan no Kamae wird das Schwert in Jodan gehoben.
2. Gleichzeitig mit der Ausführung eines geraden Schlages wird das Becken abgesenkt und eine hockende Stellung eingenommen. Der Rücken bleibt jedoch aufrecht, weder darf ein ausgleichendes Nachhintenlehnen noch ein Vorneigen des Oberkörpers beim Schlag und Absenken der Hüfte erfolgen.

Mit dem erneuten Heben des Schwertes zum Jodan werden die Beine wieder gestreckt und das Becken damit angehoben. Es folgt dann aus dem Jodan erneut ein gerader Schlag bei gleichzeitigem Absenken der Hüfte.

Griff am Saya

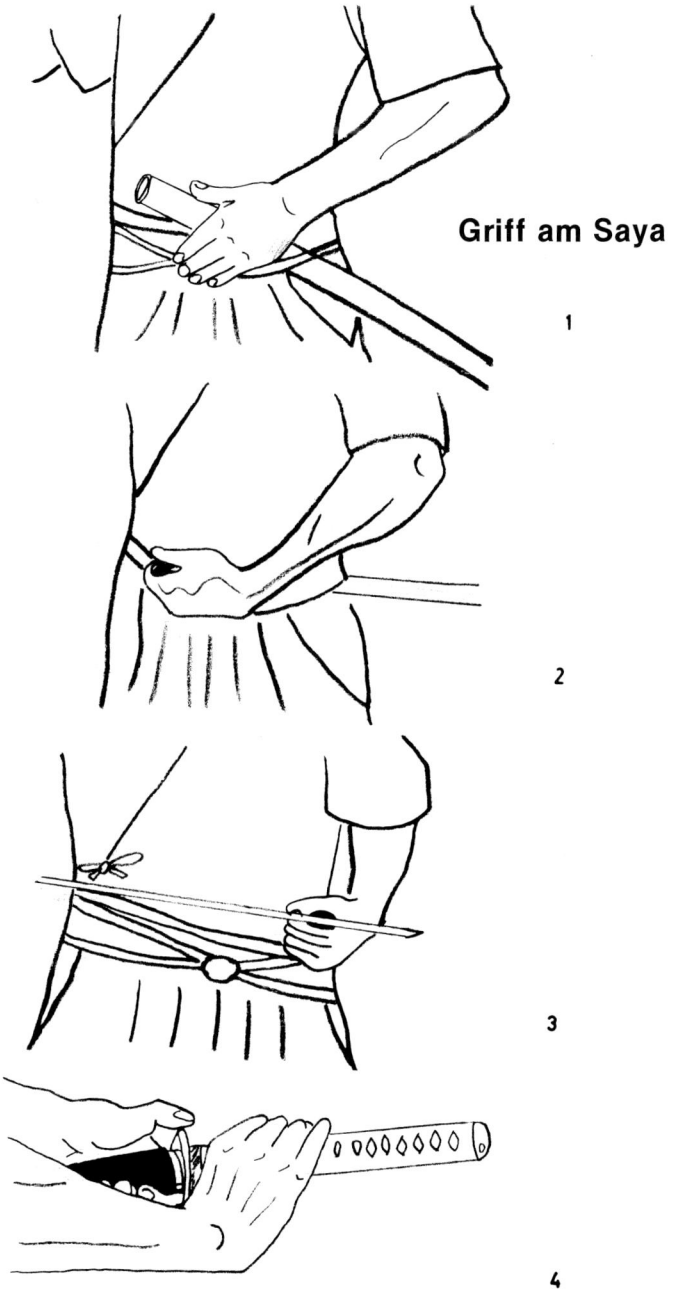

3. Nukitsuke und Noto

Diese Vorübung soll das Ziehen verbunden mit einem horizontalen Schnitt (Nukitsuke) und das Zurückführen des Schwertes in die Scheide (Noto) trainieren helfen.

1. Man steht in natürlich-aufrechter Haltung. Die Füße stehen nebeneinander. Das Schwert befindet sich im Gürtel an der linken Hüftseite, die Schneide zeigt nach oben.
Die linke Hand umgreift den oberen Teil des Saya, der kleine Finger der linken Hand berührt noch den Gürtel, der Daumen liegt auf dem Tsuba.
Tsuba und Kashira befinden sich körpermittig.
2. Das Schwert wird aus dem Saya hervorgezogen.
Der Daumen schiebt am Tsuba das Habaki aus dem Saya und die rechte Hand greift das Tsuka. Unmittelbar werden Saya und Schwert nach links außen gedreht, sodaß die Schneide bereits jetzt im richtigen Winkel für den horizontalen Schnitt ausgerichtet ist. Abb. 4: Griff am Saya.
3. Kurz bevor das Schwert die Scheide verläßt und zum horizontalen Schnitt geführt wird, setzt man den linken Fuß zurück und zieht gleichzeitig mit dem Horizontalschnitt das Saya kräftig nach hinten links, sodaß durch diese Gegenbewegung der Oberkörper beim Schnitt balanciert bleibt.
Beim Hervorziehen aus dem Saya befindet sich das Schwert links von der Körpermitte. Nach dem Horizontalschnitt weist der rechte Arm um etwa 45 Grad nach vorne rechts. Die rechte Hand ist etwa eine Faustbreite tiefer als die Schulter. Die Spitze weist ein wenig nach unten links und in der Verlängerung auf die Körpermitte des gegenüberstehenden Gegners.

Das Ziehen geschieht ruhig aber stetig und raumgreifend d.h. die Schwertspitze bewegt sich in einem großen Bogen und schneidend-ziehend horizontal zu der Endposition. Der Rumpf bleibt aufrecht, der Blick permanent auf den Gegner gerichtet.

Nukitsuke
und
Noto

4. Während die rechte Hand die Schwertspitze stoßbereit in Richtung Gegner hält, bringt die linke Hand nun das Saya im Gürtel nach vorn. Befindet sich die Öffnung des Saya (Koiguchi = Karpfenmund) etwa vor dem Nabel, führt die rechte Hand den Schwertrücken in der Nähe des Tsuba an den Koiguchi heran.
Daumen und Zeigefinger bilden einen geschlossenen Ring um den Koiguchi und der Schwertrücken wird auf den etwas überstehenden Zeigefinger angelegt. (Abb. 2, Griff am Saya)

5. Die rechte Hand zieht das Schwert nun in der Horizontalen nach rechts, während die linke Hand das Saya an die linke Hüfte zurückzieht (Abb. 3, Griff am Saya).
In dem Moment, wenn die Spitze des Schwertes in das Saya hereinragt, wird die Bewegung der linken und rechten Hand entgegengesetzt ausgeführt, sodaß die linke Hand nun das Saya quasi über die Spitze stülpt und die rechte Hand nun zügig das Schwert in die Scheide zurückschiebt. Etwa im letzten Drittel der Rückführbewegung wird die Schneide zusammen mit dem Saya aus der horizontalen Lage wieder in die Ausgangsposition — also nach oben zeigend — gedreht.
Der Daumen wird wieder auf das Tsuba gelegt.

Ist das Schwert ganz ins Saya zurückgeführt, wird der linke Fuß neben den rechten gesetzt und die Übung wiederholt.
Nach einiger Zeit wird diese Form auch so ausgeführt, indem man das rechte Bein während des Ziehens nach hinten setzt.

4. Nukitsuke, Kiriotoshi, Tchiburi und Noto

1. Man steht natürlich aufrecht, das Schwert befindet sich im Obi an der linken Hüfte.
2. Mit einem Vorwärtsschritt rechts wird das Schwert gezogen und zu einem horizontalen Schnitt geführt.
   Das Saya wird in Gegenrichtung nach hinten links gezogen.
   Die Endstellung entspricht Nr. 3 in der dritten Vorübung.

3. Die rechte Hand führt nun das Schwert dicht an der linken Körperseite nach oben in die Jodan-Position.
   Die linke Hand bringt das Saya schnell an die Seite und folgt dem Tsuka, sodaß der Griff beider Hände perfekt ist, wenn das Schwert Jodan erreicht hat.
4. Das Schwert ist in der Jodan no Kamae und befindet sich in der Mittelachse.

4

5. Ohne Schrittbewegung wird ein gerader Schlag nach vorn ausgeführt. Die Spitze ist nach dem Schlag etwas unter der Horizontalen. Der Rumpf ist aufrecht, der Griff der Hände am Schwert unverändert.
6. Die rechte Hand bringt das Schwert nun mit einer raschen Bewegung nach rechts außen, während gleichzeitig die linke Hand mit gestreckten Fingern über das Saya gelegt wird, siehe Abb. 1, Griff am Saya. Die beiden Hände befinden sich etwa auf gleicher Höhe.
   Die Schwertspitze weist während der Tchiburi-Bewegung und danach immer zur Körpermitte des Gegners.
7. Die linke Hand gleitet vorsichtig nach oben zum Koiguchi, Daumen und Zeigefinger umschließen ihn, das Schwert wird wie in Vorübung 3 zum Noto zurückgeführt.
8. Der linke Fuß wird neben den rechten gesetzt und man geht langsam ein bis zwei Schritte rückwärts bis zum Ausgangspunkt um die Übung zu wiederholen.

Eine Ausführung dieser Übung bei gleichzeitigem Vorwärtsschritt links während des Ziehens ist ebenfalls möglich.

5

6

7

8

5. Nukitsuke, Kiriotoshi, Tchiburi und Noto im Kniestand

Diese Vorübung ähnelt schon sehr der ersten Kata und verläuft in ihren Einzelabschnitten im Wesentlichen wie die Vorübungen 3 und 4.

1. Man „steht" auf den Knien. Der Rumpf ist gerade, das Schwert befindet sich im Gürtel an der linken Hüfte.
Die Knie stehen natürlich breit auseinander, die Zehen sind aufgestellt. Ober- und Unterschenkel stehen rechtwinkelig zueinander.
2. Ohne Vorbeugen des Rumpfes oder eine Beinbewegung wird das Schwert nun an der linken Körperseite aus dem Saya vorgezogen.
3. Kurz bevor das Schwert das Saya verläßt wird der rechte Fuß soweit nach vorn gezogen, daß der rechte Unterschenkel senkrecht steht.
Während der Fuß vorgesetzt wird, sollen die Zehen stets Kontakt mit dem Boden haben, sodaß ein Hineintreten in den Hakamasaum auf jeden Fall vermieden wird.
Während das Schwert zu einem horizontalen Schnitt weitergeführt wird, bewegt man das Saya entsprechend kräftig nach hinten.
4. Das Schwert wird über die linke Körperseite in Jodan gehoben, die linke Hand greift ebenfalls zum Tsuka und es wird ein gerader Schlag ausgeführt.
Anschließend Tchiburi, wie in der Vorübung 4, Nr. 6.
5. Ohne den Blick vom Gegner zu lassen, erfolgt das Noto wie bei der Vorübung 3, Nr. 5.
Kurz bevor das Schwert ganz zurückgesteckt ist, wird der rechte Fuß wieder in die Ausgangsposition zurückgesetzt. Der Oberkörper soll dabei nicht verlagert werden, sondern bleibt stets locker und aufrecht.
6. Der Griff der rechten Hand wird gelöst und die Übung kann wiederholt werden.

Nach einiger Zeit empfiehlt sich ein wechselweises Aufsetzen des rechten bzw. linken Fußes während des Ziehens.

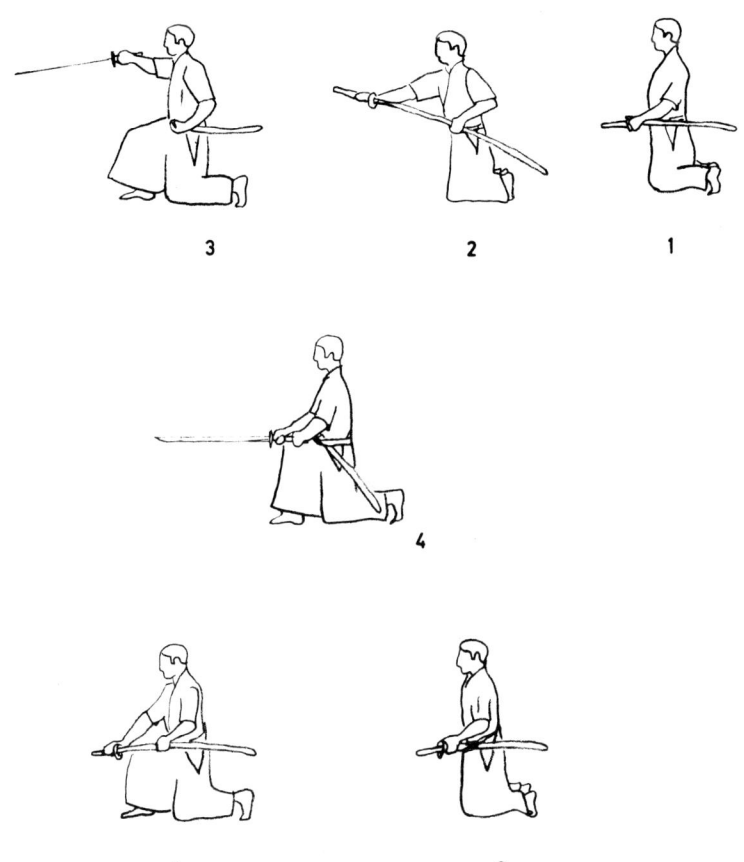

Vor dem eigentlichen Katatraining sollte jede der vorgestellten Vorübungen etwa 10-20 x ausgeführt werden!

REI — Verbeugung vor der Kamiza

1. Der Körper ist aufrecht, die Hände liegen auf den Oberschenkeln. Das Schwert in der rechten Hand zeigt mit der Schneide nach unten und mit dem Griff nach hinten.
2. Der Blick wird gesenkt und der Rumpf ca. 30 cm vorgebeugt.
3. Das Schwert wird in die linke Hand übergeben. Der linke Daumen greift auf das Tsuba.
4. Ohne die Füße zu verändern, werden die Knie gebeugt. Die rechte Hand schlägt die Hakama auseinander, erst links, dann rechts. Dann wird zuerst das linke Knie auf den Boden gesetzt zum Seiza (Kniesitz). Dabei sind die Knie zwei Handbreit voneinander entfernt, und die Zehen liegen nebeneinander.
5. Die linke Hand legt das Schwert mit dem Griff nach vorn rechts vor die Knie. Beide Hände liegen anschließend auf den Oberschenkeln.
6. Der Blick wird gesenkt, der Rücken anschließend in fast gerader Haltung gebeugt. Gleichzeitig werden die Handflächen langsam nach vorn geschoben und berühren den Boden, wobei zwischen Daumen und Zeigefingern ein Dreieck gebildet werden soll.

   Nach einem kurzen Verharren in der gebeugten Haltung richtet man den Oberkörper wieder auf, die Hände werden zu den Oberschenkeln zurückgeführt.
7. Das Schwert wird gleichzeitig von beiden Händen erfaßt, angehoben und mit der Spitze des Saya zum Nabel geführt.
8. Der linke Daumen zieht Gürtel und Hakama etwas nach vorn, und das Schwert wird bis zum Kurigata (Öse) in den Gürtel geschoben. Sofern vorhanden wird das Sageo (Band) befestigt.
9. In der Seiza-Position ist das Tsuba etwa in Bauchmitte, die Hände liegen auf den Oberschenkeln.

IPPONME-MAE 1. Form
Frontal

1. Aus dem Seiza wird das Schwert gezogen. Dabei ist der Blick zum Feind gerichtet. Die linke Hand ergreift das Saya, die rechte das Tsuka. Der linke Daumen drückt das Tsuba nach vorn, die linke Hand dreht das Saya leicht nach außen.
Während die rechte Hand das Schwert aus dem Saya zieht, wird das Gesäß angehoben und die Zehen werden aufgestellt.
Kurz bevor die Spitze die Scheide verläßt, wird der rechte Fuß mit einem Stampfschritt nach vorn gebracht, während die Klinge horizontal zum Schnitt geführt wird.
2. Die rechte Hand führt das Schwert über die linke Kopfseite über den Scheitel, während das linke Knie etwas in Richtung der rechten Ferse nachgezogen wird. Die linke Hand greift nun auch das Tsuka - das Schwert wird in Jodan-Position über dem Kopf gehalten.
3. Mit einem erneuten Stampfschritt rechts, wird ein Schlag nach unten ausgeführt. Das Tsuka steht vor dem Nabel, die Spitze ist ca. 15 cm über dem Boden.

4. Die linke Hand geht zum Saya zurück, das Schwert wird seitlich nach rechts geführt, der Ellenbogen ist gestreckt.
5. Das Tsuba wird in die Nähe der rechten Schläfe gebracht - gleichzeitig erhebt man sich.
6. Das Schwert wird nach vorn geschwungen. Diese Geste heißt "tchiburi" d. h. daß das Blut von der Klinge geschleudert wird. Die Spitze ist in Kniehöhe, der rechte Arm gestreckt.

7. Der linke Fuß wird neben den rechten gesetzt.

8. Der rechte Fuß wird zurückgesetzt.

9. Die linke Hand dreht das Saya zum Zurückführen der Klinge etwas nach vorn. Der Schwertrücken wird zwischen Daumen und Zeigefinger der linken Hand gebracht. Dann zieht man den Schwertrücken durch die beiden Finger, bis die Spitze in die Öffnung des Saya ragt. Nun kann die Klinge in das Saya zurückgeführt werden, ohne das man den Blick vom Feind wendet.

10. Beim Zurückführen zeigt die Klinge nach außen, die Knie werden langsam gebeugt und das Saya im letzten Moment dem Tsuba entgegengeschoben.
11. Das Schwert wird fast horizontal gehalten, der Daumen liegt wieder auf dem Tsuba, und das Schwert wird mit dem Saya wieder in seine Anfangsposition zurückgeschoben.
12. Der rechte Fuß wird neben den linken gesetzt, während man sich hinstellt. Die rechte Hand verläßt das Tsuka und wird an den Oberschenkel angelegt.

Nun folgt entweder Datto (Ablegen des Schwertes, siehe S.48) und Rei, wenn man die Kata beendet, oder aber die nächste Form.

NIHONME - USHIRO   2. Form
Rückwärts

1. Der Angreifer wird bei dieser Form von rückwärts erwartet, darum wird Seiza mit dem Rücken zur Kamiza gemacht.
2. Mit einer Drehung über das rechte Knie und die linken Zehen, wird der Körper gewendet und das Schwert gezogen.
   Es ist darauf zu achten, daß der rechte Unterschenkel nach dem Drehen des Körpers exakt um 180 Grad bezogen auf die Ausgangsrichtung versetzt wird.
3. Der Schnitt erfolgt horizontal, wie in der ersten Form.

4. Ausholen zum Kiri-otoshi (abschließender Schlag).
5. Schlag von oben bei gleichzeitigem Stampfschritt links

6.-10. Das Zurückführen des Schwertes geschieht in der gleichen Weise wie bei der ersten Form, es ist jedoch darauf zu achten, das die Schrittbewegungen umgekehrt vollzogen werden.

Foto 2: Der rückwärtige Stoß in der vierten Form.

Foto 3: Kenichi Yoshimura 4. Dan Kendo und Iai beim „tchiburi" in der ersten Form des Omori - Ryu - Iai - Do.

SANBONME - UKENAGASHI 3. Form

Wachsamkeit

1. Der imaginäre Feind greift von der linken Seite an. Es folgt der Griff zum Schwert, der Blick in Richtung des Angreifers.
2. Ziehen des Schwertes bei gleichzeitigem Aufsetzten des linken Fusses. Das Schwert wird über Kopf und Schulter gehalten, sodaß der Schlag des Angreifers abgleiten kann.
3. Aufrichten des Körpers. Der rechte Fuß wird angezogen und der Körper um ca. 90° in Richtung Angreifer gedreht.

4. Die linke Hand faßt das Tsuka. Man führt einen Schlag von oben rechts nach unten links und trennt Schulter und Kopf des Gegners vom Rumpf (kesagiri). Während des Schlages wird der linke Fuß zurückgezogen.
5. Das Schwert wird mit der Schneide nach vorn zum Abtropfen des Blutes wie abgebildet gehalten.
6. Die rechte Hand greift um, die linke Hand ergreift das Saya.

7. - 8. Zurückführen wie bei Form 1.

Foto 4: Film - Iai. So wie für den Amerikaner im Western -Film die Frage : „Wer zieht schneller?" von Interesse ist, so sind für Japaner in Fernseh- und Filmproduktionen mit historischem Genre Iai-Scenen beliebt. Auch hier hält sich der Held durch Ausstrahlung seiner Überlegenheit ein ganzes Rudel Gegner vom Leib. In den Filmen wird allerdings eher „bato-jutsu", (Schwertziehkunst), als Iai-Do gezeigt.

Foto 5: Meister Taizaburo Nakamura, 8. Dan Iai und Kendo beim Schwerttest (Suemonogiri). Jede der Reisstrohrollen hat den Schnittwiderstand eines menschlichen Körpers. Der Schwerttest dient zur Gütebestimmung einer Klinge und wurde früher mit Leichen oder zur Hinrichtung Verurteilten ausgeführt.

YONHONME - TSUKA-ATE 4. Form
Stoß mit dem Griff

1. Man sitzt im Iai-Hiza d.h. der linke Fuß ist unter dem Gesäß (linker Hacken direkt unter dem Afterschließmuskel) und der rechte Fuß steht mit der Außenkante bzw. Sohle dicht am linken Unterschenkel in Körpermitte auf dem Boden. Der Rücken ist gerade, die Hände ruhen auf den Oberschenkeln.
2. Zwei Angreifer erscheinen. Dem ersten wird mit dem Tsuka gegen den Solarplexus gestoßen, indem Schwert und Saya gleichzeitig im Gürtel nach vorn bewegt werden.

   Nach dem Stoß führt die linke Hand das Saya zurück und die rechte Hand zieht das Schwert aus dem Saya.
3. Wenn das Schwert das Saya verlassen hat wird der Blick zum zweiten Angreifer nach hinten gewendet und der linke Unterschenkel um etwa 90 Grad gedreht, ohne daß das linke Knie seine Position verändert. Das Schwert wird mit dem Rücken an die Brust gelegt um es zu stabilisieren. Dann erfolgt ein Stoß in Höhe des eigenen Solar-Plexus. Während die rechte Hand mit dem Schwert stößt wird gleichzeitig das Saya mit der linken Hand nach vorne rechts bewegt, sodaß sich beide Arme kreuzen. Die Gegenbewegung der linken Hand hilft, den Oberkörper aufrecht in Balance und die Schwertspitze beim Stoß in der gleichen Höhe zu halten.
4. Danach wendet man sich wieder dem ersten Angreifer zu, dreht den linken Unterschenkel um das Knie wieder in die Ausgangsposition zu kriegen und hebt das Schwert zum Schlag in Jodan.
5. Ohne eine Schrittbewegung wird der Schnitt nach unten ausgeführt.
6. Das Tchiburi besteht darin, daß man des Schwert etwa $45°$ nach vorn ausgestreckt hält, und das Blut nach unten ablaufen läßt.
7. Dann wird das Schwert in die Scheide zurückgeführt. Bei dieser Bewegung wird der rechte Fuß zunächst an den linken Fuß gezogen, um dann den Körper in die abgebildete Position zu bringen. Dabei ist

das linke Knie am Boden, das rechte seitlich aufgestellt. Die rechte Hand bleibt auf dem Tsuka, der Blick ist auf den vorderen Angreifer gerichtet. Nach kurzem Verharren in dieser Position erhebt man sich wieder zum Stand.

GOHONME - KESAGIRI   5. Form

Schulterschnitt

1. Der Angreifer kommt von vorn. Die rechte Hand greift das Tsuka.
2. Das Saya wird nach unten gedreht, sodaß die Schneide nach unten gerichtet ist.
3. Es folgt nun eine Folge von zwei Schnitten, die unmittelbar hintereinander ausgeführt werden.
   Der rechte Fuß wird während des Aufwärtsschnittes nach vorn geführt und steht fest, wenn der zweite Schnitt erfolgt. Der erste Schnitt wird von unten nach oben ausgeführt und trifft das Handgelenk eines im Jodan stehenden Gegners. Während des Ziehens wird das Saya in Gegenrichtung nach hinten links gezogen.
4. Ohne die Aufwärtsbewegung zu stoppen wird das Schwert zu einer flüchtigen Jodan-Position gewendet.
   Während des Aufwärtsschnittes bringt die linke Hand das Saya wieder nach vorn und dreht es nach Möglichkeit wieder in die ursprüngliche Lage zurück. Sowie das Schwert die Jodan-Stellung erreicht hat wird das Tsuka mit der linken Hand ergriffen.
5. Ohne Bewegungsunterbrechung wird die Klinge sofort wieder nach schräg unten rechts zum Kesa-Giri (Kopf-Schulter-Schnitt) geführt.
   Es ist darauf zu achten, daß die schnelle Folge des Auf- und Abwärtsschneidens den Rumpf nicht aus seiner aufrechten Haltung kommen läßt.
6. Der rechte Fuß wird hinter den linken gesetzt und das Schwert in Hasso-Haltung (Tsuba auf Kinnhöhe) gehalten.

7. Der linke Fuß wird zurückgezogen, wenn das Schwert zum Tchiburi nach unten geschlagen wird. Die linke Hand greift direkt an den oberen Teil des Saya (Koiguchi), um es vor dem Noto ggf. in die richtige Position drehen zu können.
8. Zurückführen des Schwertes im Stand. Danach wird der linke Fuß neben den rechten gesetzt.

Foto 6: Sprung aus dem Kniesitz über die angreifende Klinge und gleichzeitiges Ziehen in der dritten Form des Katori-Shindo-Ryu-Iai-Do.

Foto 7: Gruppentraining des Hasegawa-Eishin-Ryu-Iai-Do im Osaka-Stadt -Dojo auf dem Gelände der Osaka-Burg.

ROPPONME - MOROTE-TSUKI 6. Form

Beidhändiger Stoß

1. Bei dieser Form werden wieder zwei Angreifer erwartet. Kleiner Schritt rechts nach vorn, kleiner Schritt links nach vorn und Fassen des Schwertes, etwas größerer Schritt rechts. Schnelles Ziehen und Ausführung eines einhändigen Schlages zur rechten Schläfe des vorderen Angreifers während des letzten Schrittes.
2. Der linke Fuß wird an den rechten gezogen, das Schwert zur Chudan-Haltung abgesenkt.
3. Mit einem Ausfallschritt rechts wird ein beidhändiger Stoß zur Brust des Angreifers geführt.
4. Das Schwert wird über den Kopf genommen, gleichzeitig dreht man sich auf dem linken Fuß um 180 Grad nach links und führt mit einem Vorwärtsschritt rechts einen geraden Schlag gegen den zweiten Angreifer.
5. Danach wendet man sich mit einer Linksdrehung wieder dem ersten Angreifer zu und führt den tötlichen Schlag mit einem Stampfschritt rechts aus.

6. Ohne diese Haltung zu verändern führt man das Tchiburi aus, dann Noto.
7. Kurzes Verharren in dieser Position. Der linke Fuß wird neben den rechten gesetzt. Die rechte Hand wird an den Oberschenkel gelegt.

NANAHONME - SANPOGIRI   7. Form
Drei-Richtungen-Schlag

1. Bei dieser Form werden Angreifer aus drei Richtungen angenommen: von rechts, links und von vorn.
2. Während man den linken Fuß vorsetzt, wird das Schwert ergriffen. Der Blick wird auf den rechten Angreifer gerichtet.
3. Mit einem kleinen Schritt des rechten Fußes wendet man sich nach rechts, bringt das Schwert mit der rechten Hand zum Jodan über den Kopf und führt einen geraden Schlag durch das Gesicht des Angreifers.

4. Ohne die Haltung zu ändern wendet man sich nun dem linken Angreifer zu und führt einen Schlag aus.
5. Der Körper wird ohne die Fußstellung zu verändern um 90 Grad nach rechts gedreht, und das Schwert erneut zum Schlag gegen den frontalen Gegner gehoben.
6. Mit einem Stampfschritt rechts wird der Schlag ausgeführt.
7. Der rechte Fuß wird hinter den linken gesetzt und das Schwert zur Jodan-Position über den Kopf gehoben.

   Nach einem kurzen Verharren im Zanshin kehrt die linke Hand an das Saya zurück.

8. Die rechte Hand schlägt das Schwert zum Tchiburi nach unten rechts. Im selben Moment wird der linke Fuß neben den rechten gesetzt. Das Schwert wird ohne die Körperhaltung zu ändern in das Saya zurückgeführt.

GANMEN-ATE 8. Form
Gesichtsschlag

Diese Kata ähnelt der 4. Form (Tsuka-ate). Ein frontaler und ein rückwärtiger Gegner werden imaginiert.

Die Blickrichtung ist beim Beginn frontal zur Kamiza. Die Abbildungen zeigen aus Gründen der besseren Darstellung diese Kata aus der Seitenansicht.

1. Ausgangsposition ist der Stand. Es wird ein kleiner Schritt mit dem rechten Fuß ausgeführt, dann ein kleiner Schritt mit dem linken Fuß, während gleichzeitig die Hände das Tsuka und Saya ergreifen.

8   7   6

2. Ein kraftvoller Ausfallschritt rechts bringt den Körper in die richtige Distanz zum Gegner. Mit dem Vorbringen des Körpers werden gleichzeitig mit beiden Händen Schwert und Saya nach oben im Gürtel vorgezogen, sodaß das Fuchikashira zum Stoß gegen das Gesicht des frontalen Angreifers benutzt wird.

3. Die linke Hand zieht das Saya zurück und der Blick wendet sich zum rückwärtigen Gegner.

4. Während der Körper sich nun ganz zum zweiten Angreifer hinwendet, wird der linke Fuß um etwa eine Schulterbreite nach links versetzt. Die rechte Hand wird an die rechte Hüfte gelegt, sodaß das Schwert einen sicheren Halt hat. Die Schneide zeigt nach rechts.

5. Mit einem Ausfallschritt rechts wird die Klinge durch die rechte Hand horizontal zum Nabel des Gegners gestoßen.

6. Während der Körper sich links herum wieder zum ersten Angreifer hindreht, wird der linke Fuß um eine Schulterbreite nach links versetzt und das Schwert in Jodan erhoben.

7. Mit einem Ausfallschritt rechts wird ein gerader Schlag zum ersten Angreifer hin ausgeführt.

8. Tchiburi: Die rechte Hand bringt das Schwert mit einer schnellen Bewegung zur rechten Seite. Die Schwertspitze weist nach unten in Richtung des Gegners. Die linke Hand bedeckt das Saya. Anschlie-

ßend greift die linke Hand das Saya in der Nähe der Öffnung und bringt diese etwa in Körpermitte. Dann wird das Schwert wie üblich in das Saya zurückgeführt. Abschließend wird der linke Fuß neben den rechten gesetzt.

SOETE-TSUKI 9. Form
Stoß mit hinzugefügter Hand

Der Angreifer wird von links erwartet, darum dreht man sich vor der Kata um 90 Grad nach rechts.

1. Aus dem Stand erfolgt zunächst ein kleiner Schritt rechts.
2. Mit dem zweiten Schritt wird der linke Fuß mit der Spitze etwa 90 Grad nach links außen gesetzt. Die linke Hand faßt das Saya, die rechte Hand das Tsuka.
3. Der rechte Fuß wird nun dicht vor den linken gesetzt, sodaß der Körper sich zum Angreifer hinwendet — das Ziehen des Schwertes beginnt.
4. Der linke Fuß wird zurückgenommen und das Schwert gezogen.
Anmerkung:
Die Bewegungen aus 3. und 4. drehen den Körper um 180 Grad bezogen auf die Ausgangsrichtung. In dieser flüssig auszuführenden Dre-

hung wird das Schwert in einem leicht diagonalen Schnitt geführt, die Spitze weist am Ende des Schlages etwa auf den Solarplexus des Gegners. Das Saya wird während des Ziehens kräftig nach hinten gegengezogen.

5. Der linke Fuß bleibt am seinem Platz, der rechte Fuß wird so zurückgezogen, daß die Zehen nach rechts außen weisen. Mit dem Zurückziehen des Fußes wird das Schwert mit dem Tsuka an die rechte Hüfte gelehnt und die linke Hand von oben auf den Schwertrücken gelegt.
6. Mit einem Ausfallschritt links wird das Schwert in Höhe des gegnerischen Nabels nach vorn gestoßen. Dabei stabilisiert man das Schwert indem die Klinge zwischen Daumen und Handfläche (beide gestreckt!) der linken Hand fixiert wird.
7. Die linke Hand bleibt vor dem Körper in der gleichen Position wie nach dem Stoß. Die rechte Hand hebt das Schwert am Griff, bis die Spitze nach vorne unten links zeigt. Die Schneide zeigt nach vorn. Nach dem Heben ruht die Klinge mit der linken Seite auf den Fingern der linken Hand. Der Daumen deckt die Klinge, die Handfläche zeigt nach unten.
8. Tchiburi: Während der linke Fuß zurückgesetzt wird, greift die linke Hand das Saya direkt an der Öffnung (Koiguchi) und die rechte Hand schlägt das Schwert nach rechts zur Seite. Die Spitze bleibt auf den Gegner gerichtet. Nach dem Zurückführen des Schwertes in das Saya wird der linke Fuß abschließend neben den rechten gesetzt.

SHIHON-GIRI
10. Form
Alle Richtungen-Schnitt

Diese Form nimmt vier Angreifer an und zwar in der Reihenfolge diagonal vorne rechts, diagonal hinten links, sowie diagonal hinten rechts und diagonal vorne links bezogen auf die Ausgangsposition.

1. Vom Stand wird ein kleiner Schritt rechts gemacht.
   Es folgt ein kleiner Schritt links, bei dem Tsuka und Saya ergriffen werden. Der Blick wendet sich nach rechts vorn dem ersten Angreifer zu.
2. Mit einem Ausfallschritt des rechten Fußes nach schräg vorne rechts wird nun das Schwert zusammen mit dem Saya im Gürtel vorgezogen, nach links außen gedreht und mit der linken Griffseite von oben nach unten geschlagen. Diese Technik ist ein scharfer Schlag mit der Griffseite auf die Hände des Gegners, der sein Schwert gerade erfassen will.
3. Die linke Hand zieht das Saya zurück.
4. Ist das Schwert ganz gezogen, blickt man auf den zweiten Angreifer, wendet den Oberkörper um etwa 90 Grad nach links und legt das Schwert mit dem Rücken an die Brust.

5. Es erfolgt ein horizontaler Stoß zum zweiten Angreifer.
   Dazu wird der linke Fuß entsprechend weit zur Seite gesetzt, der rechte Fuß folgt nach, d.h. Körper und Schwert werden in gerader Linie nach links versetzt.
   Die linke Hand führt in stabilisierender Gegenbewegung beim Stoß der rechten Hand das Saya nach vorne rechts, sodaß die Arme sich kreuzen.
6. Der Körper wendet sich nun wieder um 90 Grad nach rechts dem ersten Angreifer zu. Das Schwert wird in Jodan erhoben.
7. Mit einem Ausfallschritt des linken Fußes wird ein gerader Schlag zum ersten Angreifer hin ausgeführt.
8. Der Körper wendet sich um 90 Grad nach rechts in die Richtung des dritten Angreifers. Das Schwert wird zum Jodan erhoben und mit einem Vorwärtsschritt rechts wird ein gerader Schlag zum dritten Angreifer hin ausgeführt.

9. Der Körper wird nun um 180 Grad links herum gedreht. Dabei wird der linke Fuß um Schulterbreite nach links versetzt und das Schwert in Jodan erhoben.
10. Mit einem Vorwärtsschritt rechts wird ein gerader Schlag zum vierten Angreifer hin ausgeführt.
11. Der rechte Fuß wird zurückgezogen und das Schwert zum Zanshin in Jodan erhoben.
12. Nach einem Augenblick des Zanshin wird das Schwert in kreisförmiger Bewegung nach unten rechts geschlagen. Gleichzeitig wird der linke Fuß zurückgesetzt und die linke Hand über das Saya gelegt.
Nach dem Noto wird der linke Fuß neben den rechten gesetzt.

DATTO und REI

Zurücklegen des Schwertes und Abgrüßen

1. Das Schwert wird mit beiden Händen nach vorn aus dem Gürtel gezogen.
2. Das Ende des Saya wird rechts vom Ausführenden auf den Boden gestellt. Die linke Hand liegt am Körper an.

3. Das Schwert wird parallel zu den Knien auf den Boden gelegt, der rechte Zeigefinger hält das Tsuba fest.
4. Verbeugung wie zum Beginn der Kata.

5. Die rechte Hand hebt das Schwert und stellt es mit der Schneide zum Ausführenden vor der Körpermitte auf dem Boden auf. Die linke Hand verläßt den Oberschenkel, wird im letzten Drittel an das Saya gelegt, nach unten geführt bis der kleine Finger den Boden berührt. Dann wird das Schwert mit beiden Händen angehoben und zur linken Körperseite auf den Oberschenkel gelegt.
6. Die rechte Hand kehrt zum Oberschenkel zurück.

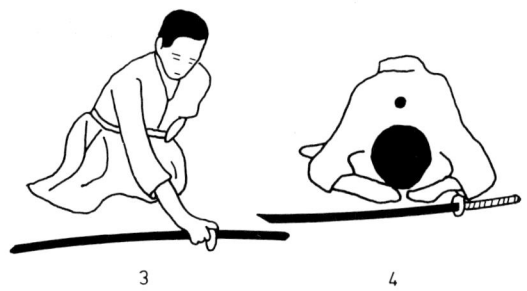

75

7. Unter Vorbringen des rechten Fußes wird aufgestanden.
8. Das Schwert wird in die rechte Hand übergeben.

9. Tachi-Rei = Verbeugung im Stand.
   a. Frontansicht   b. Seitenansicht

Foto 8: Meister K. Horiguchi, 9. Dan Hanschi bei der Demonstration des Muso-Shinden Iai-Do während des Iai-Seminars anläßlich der 3. Kendoweltmeisterschaft in London. Das Muso-Shinden Iai geht unmittelbar auf den Begründer des Iai Hayashisaki Jinsuke Shigenobu, zurück.

Nachwort

Anfragen bezüglich Nachweis von **Iaido**-Gruppen und Lehrgängen sind zu richten an:
Deutscher Iaido Bund
Michael Moritz
Zweite Rote Haag Weg 44
52076 Aachen
Telefon: 0241 / 50 50 43

International wird das Iai auch durch die Internationale Kendo Federation mitvertreten, die sowohl Lehrgänge veranstaltet, als auch Dan-Grade vergibt. Die Sektion Kendo ist Mitglied in der IKF und über entsprechende Veranstaltungen informiert.

Nr.	Titel	Nr.	Titel
3 87892 - 020 2	**Das Judo-Brevier** Der bewährte Leitfaden für Technik und Prüfung, 114 Abb.	3 87892 - 005 9	**Nage-no-Kata** Die 15 Grundwürfe des Judo, 96 Abb.
000 8	**1 x 1 des Judo** Die Grundlagen wirksamen Judotrainings, 101 Abb.	006 7	**Katame-no-Kata** Die 15 grundlegenden Bodentechniken, 70 Abb.
001 6	**Die Judo-Wurftechnik** Die exakte Beschreibung aller wichtigen Würfe, 209 Abb.	007 5	**Kime-no-Kata** Die klassische japanische Selbstverteidigung, 140 Abb.
002 4	**Die Judo-Bodentechnik** Das Fachbuch für Halte-, Hebel- und Würgetechniken, 165 Abb.	008 3	**Gonosen-no-Kata** Die dynamischen Gegenwürfe des Judo, 58 Abb.
003 2	**Kombinationen und Kontertechnik** Erfolgreiche Techniken für Kampf und Prüfung, 110 Abb.	009 1	**Itsutsu-no-Kata** Die Darstellung 5 traditioneller Judo-Elemente, 32 Abb.
011 3	**Kinder-Judo** Das fröhliche Lehrbuch für kleine Judoka, 72 Abb.	010 5	**Ju-no-Kata** Demonstration des „Siegens durch Nachgeben", 152 Abb.
013 X	**Koshiki-no-Kata** Die ritterliche Verteidigungstechnik, 154 Abb.	012 1	**Goshin-Jitsu-no-Kata** Die moderne japanische Selbstverteidigung, 118 Abb.
026 1	**Kraft-Training** Ratschläge für Fitness + Leistungssport, 165 Abb.	030 X	**Das Ju-Jutsu Brevier** Der Leitfaden für Selbstverteidigungssportler, 94 Abb.
021 0	**Karate ... mit bloßen Händen** Die Grundlagen wirksamer Kampftechnik, 141 Abb.	004 0	**Selbstverteidigung** Wirksame Verteidigungstechnik für den Ernstfall, 260 Abb.
044 X	**Das Kampfsport-Lexikon** Die Kampfkünste der Welt von A-Z, 51 Abb.	074 1	**Krav Maga** Abwehr bewaffneter Angriffe, 522 Abb.
023 7	**Boxen ... Fechten mit der Faust** Das bewährte Lehrbuch über den Faustkampf, 80 Abb.	031 8	**Chronik alter Kampfkünste** Kampftechniken aus 3 Jahrhunderten, 369 Stiche
059 8	**Das Taekwondo Brevier** Der Leitfaden für Technik und Prüfung, 225 Abb.	051 2	**Thai-Boxen** Der dynamische asiatische Vollkontaktsport, 215 Abb.
028 8	**Taekwondo** Kompaktlehrgang der koreanischen Kampfkunst, 104 Abb.	027 X	**Die 12 Karate-Kata** Die wichtigsten Shotokan- und Wado-Ryu-Kata, 491 Abb.
049 0	**Die 12 Taekwondo-Hyongs** Präzisionsübungen für Fortgeschrittene, 436 Abb.	033 4	**Sai** Die Verteidigungstechnik mit der Waffe, 114 Abb.
071 7	**Ein-Schritt-Kampf (Ilbo-Taeryon)** Ausweichen · Abwehren · Kontern, 213 Abb.	072 5	**BO** Kampf mit dem Langstock, 366 Abb.
055 5	**Shuriken** Sicherer Umgang mit Wurfsternen, 103 Abb.	032 6	**Kung-Fu** Die Technik des chinesischen Boxens, 144 Abb.
029 6	**Ringen** Freistiltechnik für Anfänger + Fortgeschrittene, 105 Abb.	040 7	**Sumo** Der gewichtige japanische Ringkampf, 49 Abb.
024 5	**Sambo** Der kraftvolle russische Kampfsport, 217 Abb.	042 3	**Spiele für Sport + Freizeit** Ideen für alle, die gerne Spiele machen, 82 Abb.
022 9	**Aikido-Fibel** Die Grundlagen des Aikido, 72 Abb.	035 0	**Iai-Do** Blitzschnell die Waffe ziehen und treffen, 192 Abb.
045 8	**Das Aikido-Brevier** Leitfaden für Technik und Prüfung, 140 Zeichn.	025 3	**Das ist Kendo** Eine Einführung in das japanische Fechten, 98 Abb.
069 5	**Bokken** Das Holzschwert der Samurai, 149 Abb.	037 7	**Kendo** Lehrbuch des japanischen Schwertkampfes, 700 Abb.
041 5	**Die Kunst des Florettfechtens** Das Fechtbuch für Anfänger + Fortgeschrittene, 266 Abb.	068 7	**Capoeira** Kampfkunst und Tanz aus Brasilien, 243 Abb.
050 4	**Lehrbuch des Bogensports** Vom ersten Schuß bis zur perfekten Technik, 132 Abb.	034 2	**Yoga** Die Kunst der Entspannung und Gelassenheit, 368 Abb.
036 9	**Kyudo** Die Kunst des japanischen Bogenschießens, 231 Abb.	061 X	**SNOOKER** Billard "made in England", 106 Abb.
053 9	**Armbrustschießen** Das Standardwerk für Sport & Hobby, 95 Abb.	048 2	**DARTS** Konzentration + Präzision im Pfeilwurfspiel, 71 Abb.
039 3	**Sport für Anfänger** Strategien für etwas mehr Bewegung, 60 Abb.	052 0	**60 Spiele auf dem London-Board** Die umfangreiche Spielesammlung für Darter, 22 Abb.
038 5	**Gymnastik** Zweckmäßige Körperschule, die Spaß macht, 221 Abb.	064 4	**Electronic Dart** Das sportliche Spielvergnügen, 31 Abb.
047 4	**Fußball-Lehrbuch** Mit vielen Spielübungen für die Praxis, 246 Abb.	054 7	**American Football** Vom Kick-off zum Touchdown, 123 Abb.
056 3	**Sportliches Messerwerfen** Über den sicheren Umgang mit Wurfmessern, 48 Abb.	057 1	**Baseball** Vom Hit zum Homerun, 82 Abb.
063 6	**Arnis · Escrima · Kali** Das Lehrbuch für den Stockkampf, mit 198 Abb.	060 1	**Rugby** Kampf in Gasse und Gedränge, 90 Abb.
067 9	**Pencak Silat** Die alte indonesische Kampfkunst, 399 Abb.	062 8	**Das Ballsport Lexikon** Die Ball- und Kugelspiele der Welt, 225 Abb.
065 2	**Tauch-Theorie** Das Komplettwissen für den Tauchsport, 139 Abb.	066 0	**Das Wintersport Lexikon** Sport & Spiel auf Eis und Schnee, 118 Abb.
081 4	**Der lachende Tennisball** Humorvolle, aber treffende Tennisratschläge, 69 Cartoons	082 2	**Das lachende Pferd** Für Reiter und Pferdefreunde zum Wiehern, 57 Cartoons
080 6	**Der lachende Schi** Heiteres über den Skisport und seine Freuden, 52 Cartoons	084 9	**Der lachende Fußballer** Viel Spaß um's runde Leder, 56 Cartoons
083 0	**Die lachende Nixe** Das Schmunzelbuch für alle Wassersportler, 64 Cartoons	085 7	**Das lachende Fahrrad** Schwungvolles über den Radsport, 49 Cartoons

Ausführliche Informationen finden Sie auch im Internet: www.weinmann-verlag.de

Wir senden Ihnen gern unser ausführliches bebildertes Verlagsverzeichnis!
Schreiben Sie uns oder rufen Sie an:

VERLAG WEINMANN
Beckerstraße 7 · 12157 Berlin
Tel.: 030 / 855 48 95 Fax: 030 / 855 94 87